TROIS MÉTHODES FACILES POUR APPRENDRE LE PLAIN-CHANT EN PEU DE TEMPS;

Avec les divers Tons ou Intonations des Chants communs de l'Eglise, selon le Directoire Romain, et la manière de bien chanter dans un Chœur.

A LYON,

Chez AYNÉ FRÈRES, Libraires, rue Mercière, n.° 40.

1813.

DE L'IMPRIMERIE DE J.-L. MAILLET.

DE LA SCIENCE
DU PLAIN-CHANT.

L'Eglise a toujours regardé le Chant comme un moyen très-puissant pour attirer les Fidèles au Service divin, et les porter à la dévotion, et par conséquent très-nécessaire à tous les Ecclésiastiques ; mais comme plusieurs sont rebutés de l'apprendre par les difficultés qu'ils s'imaginent d'y rencontrer, on a cru pouvoir les désabuser en leur donnant ces Méthodes faciles et très-courtes, avec lesquelles ils pourront apprendre parfaitement le Plain-Chant en fort peu de temps, pour peu de dispositions qu'ils aient ; car il n'y a qu'à savoir quatre choses. 1.° Connoître les Notes. 2.° Les savoir entonner. 3.° Savoir joindre aux tons des Notes les paroles que l'on doit chanter. 4.° Enfin savoir connoître les Tons.

DE LA CONNOISSANCE
DES NOTES.

1. *Qu'est-ce qu'on appelle Note ?*

On appelle *Note* une marque qui fait connoître les voix du Plain-Chant.

Il y en a sept, *ut*, *re*, *mi*, *fa*, *sol*, *la*, *si*.

Avec ces sept Notes, on peut monter ou descendre jusqu'à l'infini, en avançant ou en retrogradant.

Exemple, en montant : *ut*, *re*, *mi*, *fa*, *sol*, *la*, *si*, *ut*, *re*, *mi*, *fa*, *sol*, *la*, *si*, *ut*, *re*, *etc.*

Exemple, en descendant : *ut*, *si*, *la*, *sol*, *fa*, *mi*, *re*, *ut*, *si*, *la*, *sol*, *fa*, *mi*, *re*, *ut*, *si*, *etc.*

Elles n'ont pas de caractère qui les distingue les unes des autres ; mais on les connoît par la situation différente où elles peuvent être placées sur une bande de quatre lignes.

Exemple. *a* *b* *c* *d*

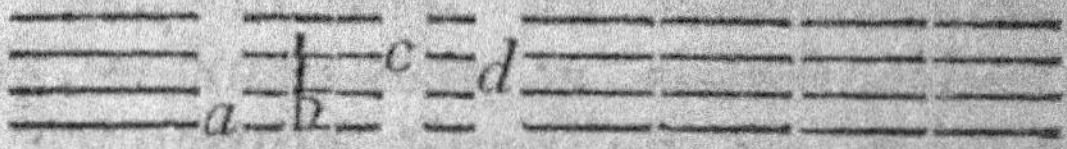

On compte les espaces qui sont entre les lignes aussi bien que les lignes même, si bien que quand on va d'une ligne à l'espace qui est au-dessus, par exemple, de la ligne marquée *a* à l'espace marqué *b*, on monte d'une note ; quand on va d'une ligne à l'espace qui est au-dessous, par exemple, de la ligne *c* à l'espace *d*, on descend d'une Note. Il faut dire la même chose quand on va de l'espace à la ligne.

Il faut nécessairement savoir par cœur l'ordre et la suite des Notes, soit en montant, soit en descendant ; parce que, quand on a assigné et connu la place d'une, on connoît aussitôt toutes les autres. Or, on connoît les Notes par le moyen des *Clefs* et des *Figures*.

2. *Qu'appelle-t-on Clefs et Figures?*

On appelle Figures certains signes qui font connoître si le Chant où ils sont posés est doux et harmonieux, ou âpre et rude.

Il y a deux Figures; savoir : le *b-mol*, marqué de cette manière qui fait connoître que le chant est doux; et le *b-quarre*, fait de cette manière qui fait connoître que le Chant est rude.

Les *Clefs* sont certaines marques posées au commencement de la bande sur une des quatre lignes, par lesquelles on connoît les Notes.

Il y a deux *Clefs* dans le Plain-Chant :

La première s'appelle la Clef de *sol ut*, faite ainsi :

La seconde s'appelle la Clef d'*ut fa*, qui est faite de cette manière :

On appelle la première Clef de *sol ut*, parce qu'il faut prendre *sol* sur la ligne où la Clef est posée, quand on chante par *b-mol*; et il faut prendre *ut*, lorsqu'on chante par *b-quarre*.

De même la seconde est appelée Clef d'*ut fa*, parce qu'il faut prendre *ut* sur la ligne de la Clef, quand on chante par *b-mol*, ce qui est très-rare, et *fa* quand on chante par *b-quarre*.

Il ne faut point s'embarrasser de ces

mots *b-mol* et *b-quarre ;* il suffit de savoir qu'on chante par *b-mol*, quand il y a un *b* après la Clef. *Exemple :* et que l'on chante par *b-quarre* quand il n'y en a point.

Voici des exemples qui feront comprendre ce qui a été dit. Exemple de la Clef de *sol ut* par *b-mol.*

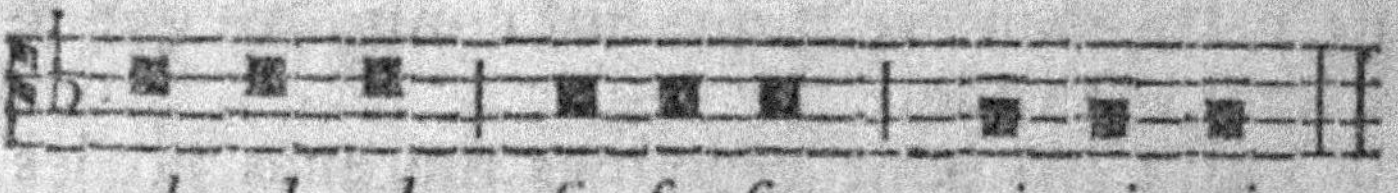

sol sol sol, fa fa fa, mi mi mi

Voilà la clef de *sol ut* sur la seconde ligne par *b-mol :* donc il faut prendre *sol* sur la ligne de la Clef, et par conséquent les Notes qui sont sur la seconde ligne sont des *sol ;* celles qui sont dans l'espace au-dessous sont des *fa*, parce que le *fa* suit le *sol* en descendant, et celles qui sont sur la troisième ligne sont des *mi ;* parce que le *mi* suit le *fa* en descendant

Exemple de la Clef de *sol ut* par *b-quarre.*

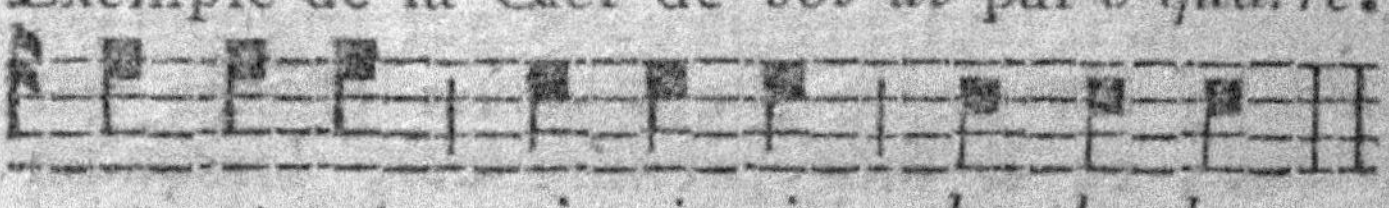

ut ut ut, si si si, la la la.

Voilà la Clef de *sol ut* par *b-quarre :* donc il faut prendre *ut* sur la ligne de la Clef, et par conséquent toutes les notes qui sont sur la première ligne sont des *ut*, celles qui sont dans l'espace au-dessous sont des *si ;* celles qui sont sur la seconde ligne sont des *la.*

Exemple de la Clef d'*ut fa* par *b-quarre.*

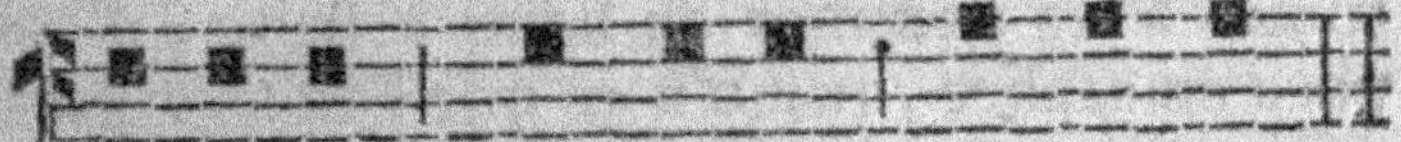

fa fa fa, sol sol sol, la la la.

Voilà la Clef d'*ut fa* par *b-quarre;* donc il faut prendre *fa* sur la ligne de la Clef, et par conséquent les Notes qui sont sur la seconde ligne sont des *fa;* celles qui sont dans l'espace au-dessus sont des *sol*, parce que le *sol* suit le *fa* en montant, et celles qui sont sur la première sont des *la.*

Ceux qui veulent apprendre le Plain-Chant plus facilement et plutôt, doivent bien prendre garde de ne vouloir pas apprendre à entonner les Notes avant que d'avoir bien appris à les connoître, parce qu'alors l'esprit étant appliqué en même temps à connoître les Notes et à les entonner, se confond et s'embrouille; au lieu qu'étant une fois assuré de la connoissance des Notes, il retient plus facilement le ton, quand il s'agit de les entonner. C'est pourquoi il est bon qu'après avoir mis une Clef, qui sera tantôt l'une, tantôt l'autre, sur une bande de quatre lignes, de parcourir toutes les lignes et les espaces en montant et en descendant, les touchant avec une grande épingle pour mieux arrêter l'imagination, et à chaque ligne ou espace que l'on touche, nommer la Note qui y convient, selon la disposition de la Clef; et lorsqu'on les nommera facilement de suite, il faut s'accoutumer à les nommer de ligne à ligne, d'espace en espace, jusqu'à ce que l'on soit prêt de nommer sur le chant chaque Note, sur quelque ligne ou espace qu'elle soit placée.

DE L'INTONATION DES NOTES.

1. *Des Degrés conjoints.*

Celui qui veut apprendre à entonner les Notes, ne doit pas d'abord les entonner sur des livres de Plain-Chant, mais il doit premièrement s'accoutumer à entonner les *Degrés conjoints.*

On appelle *Degrés conjoints*, quand on entonne les Notes toutes de suite en montant et en descendant, en sorte qu'on aille toujours jusqu'à l'octave, c'est-à-dire, de l'*ut* à l'*ut*, du *re* au *re.*

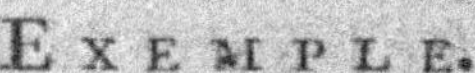
EXEMPLE.

Il faut apprendre toutes les octaves les unes après les autres, en commençant tantôt par le *mi*, tantôt par le *fa*, etc.

2. *Des Tons et Demi-Tons.*

On appelle *Ton* (de la manière qu'on prend ici) la distance qu'il y a entre deux Notes formées par l'élévation ou l'inflexion de la voix ; par exemple, de l'*ut* au *re*, du *re* au *mi*, etc.

Le *Semi-ton* est la distance moindre de la moitié de celle d'un ton entier.

Exemple des Tons entiers en montant et en descendant.

Les *Demi-Tons* ne se trouvent que du *mi* au *fa*, et du *si* à l'*ut*. Il n'y a qu'une seule exception à cette règle dans le Plain-Chant, c'est que quelquefois il n'y a qu'une distance du demi-Ton du *la* au *si*, et on appelle alors cette Note *za* au lieu de *si*, pour la distinguer.

On connoît quand il faut appeler la Note *si* par le mot *za* par cette figure qui se trouve devant la note, qui seroit appelée *si*, si ce *b* n'y étoit pas, et ce *b-mol* que l'on met ainsi extraordinairement, est appelé *b-mol accidentel*.

1..

Exemple de Demi-Tons en montant et en descendant.

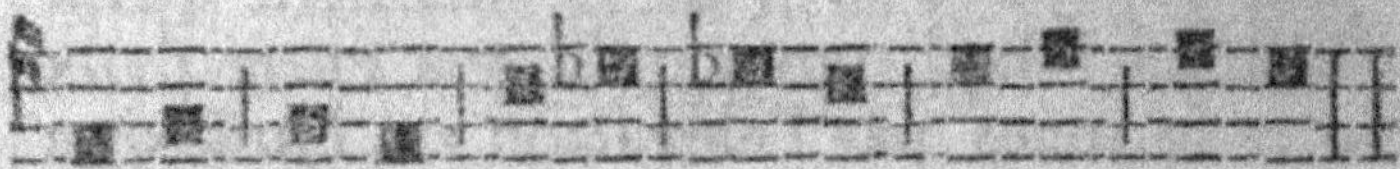

mi fa , fa mi , la za , za la , si ut , ut si.

On prend cette figure ♮ pour faire connoître le *za* ou le *b-mol* ♭ accidentel, parce que cet entonnement fait passer le Chant par *b-quarre* en *b-mol*, en ôtant la différence qui est entre l'un et l'autre.

Cette différence consiste dans la différente situation du demi-ton, qui se trouve dans un autre endroit de la bande de quatre lignes par le *b-mol*, et dans un autre par *b-quarre*.

Exemple. 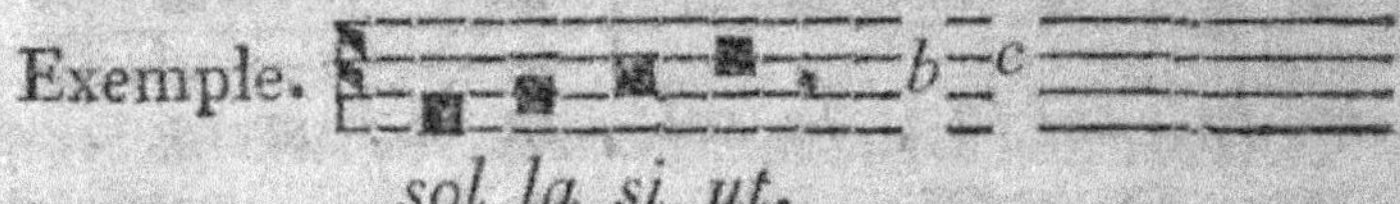

sol la si ut.

Dans cet exemple la clef marquant *ut* par *b-quarre*, ces quatre Notes sont *sol*, *la*, *si*, *ut*, et par conséquent le demi-ton se trouve de l'espace marquée *b* à la ligne *c*.

Autre exemple. 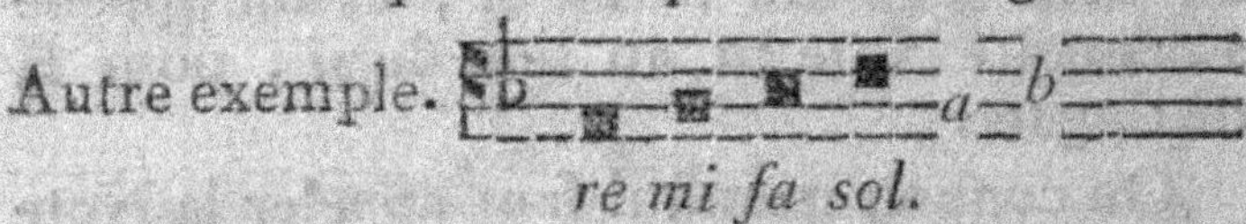

re mi fa sol.

Dans cet autre exemple de la même clef marquant *sol* par *b-mol*, ces quatre Notes sont *re*, *mi*, *fa*, *sol*, et par conséquent le demi-ton se trouve de la ligne *a* à l'espace *b*. Cela est facile à comprendre pour ceux qui auront bien retenu quelles sont les Notes qui sont distantes entr'elles d'un ton ou d'un demi-ton.

3. *Des Intervalles.*

Quand on sait entonner les degrés conjoints, il ne reste plus qu'à savoir entonner les *intervalles*, et cela est facile à apprendre dans les exemples suivans, qui contiennent tous les *intervalles* qui peuvent entrer dans le Plain-Chant ; en sorte que celui qui les sait parfaitement, et qui y est exercé, peut dire qu'il sait le Plain-Chant.

Les *intervalles* où on laisse une Note entre deux, comme de l'*ut* au *mi*, sont appelés Tierces ; si on en laisse deux, ce sont des Quartes ; si trois, ce sont des Quintes ; si quatre, des sixièmes ; enfin, si on en laisse six, comme de l'*ut* à l'*ut*, du *re* au *re*, ce sont des Octaves. On n'entonne point de septième dans le Plain-Chant.

Quand on va du *fa* au *si* en montant ou en descendant, il y a toujours un *b* à la Note *si*, c'est-à-dire, qu'il faut nommer *za*, et quand le *b* ne seroit pas marqué, il faut toujours entonner comme s'il y en avoit un, afin que si l'on entonne cet intervalle en montant, on fasse une Quarte juste, c'est-à-dire, qui ait ses deux tons et demi, et que si l'on descend, on fasse une Quinte juste, c'est-à-dire, trois tons et demi.

Vous verrez dans les exemples suivans une marque à la fin de presque toutes les bandes faite de cette sorte : ou On appelle cette marque *Guidon* parce qu'on la met à la fin de chaque bande quand le répons n'est pas achevé, pour dénoter qu'elle est la Note qui commence par la ligne suivante.

TIERCES.

Ceux qui étudient ces intervalles ne doivent pas se presser, mais ils doivent bien apprendre ces premiers, qu'on appelle *Tierces*, avant que de passer aux seconds, qu'on appelle *quartes*, et ainsi des autres.

QUARTES.

ut sol : za la sol fa, za fa : la sol fa mi,
la mi : sol fa mi re, sol re, fa mi re ut,
fa ut : ut fa, re sol, mi la, fa za,
sol ut, la re, re la, ut sol, za fa,
la mi, sol re, fa ut.
QUINTES.
ut re mi fa sol, ut sol : re mi fa sol la,
re la, fa sol la si ut, fa ut : sol la si
ut re, sol re : re ut si la sol, re sol :
ut si la sol fa, ut fa : la sol fa mi re,

la re : sol fa mi re ut : sol ut : ut sol ,
re la , fa ut , sol re : re sol , ut fa ,
la re , sol ut.

SIXIÈMES.

ut re mi fa sol la , ut la : re mi fa sol
la si , re si : mi fa sol la si ut : mi ut :
fa sol la si ut re , fa re : sol la
si ut re mi , sol mi : la si ut re mi fa ,
la fa : fa mi re ut si la , fa la : mi re
ut si la sol , mi sol : re ut si la sol fa ,

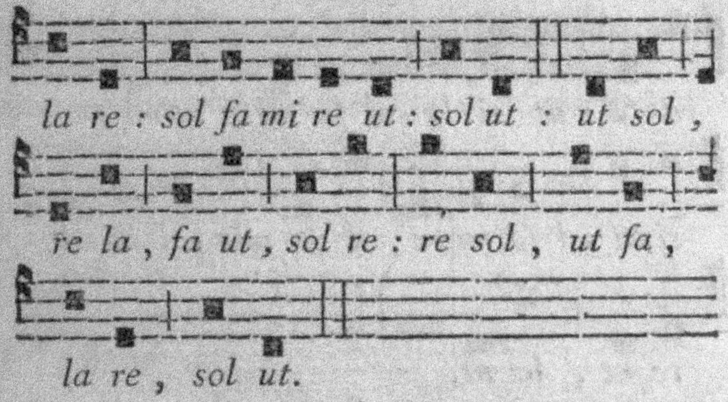

Dans l'exemple précédent on a été obligé de transposer la clef de la première ligne à la seconde, ce qui arrive souvent dans le chant, et c'est lorsqu'il y a plus de neuf Notes ; car la bande de quatre lignes n'en peut contenir que neuf.

Il faut prendre garde que quand la clef change d'une ligne à l'autre, les Notes de même changent de nom et de tons, les élevant ou baissant d'une Tierce, à proportion que la clef monte ou descend d'une ligne.

EXEMPLE.

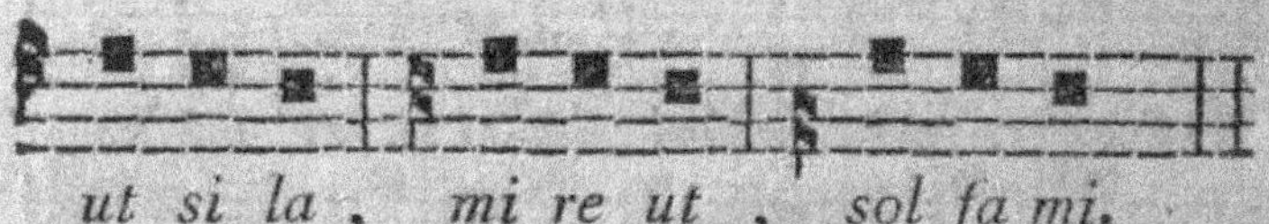

Vous voyez dans cet exemple que la note de la première ligne s'appelle *ut*, quand la clef est sur cette ligne, et la note suivante un *si*, et la troisième *la* ; quand elle est sur la seconde ligne, la note qui estsur la première ne s'appelle plus *ut*, mais *mi*, la suivante *re*, et la troisième *ut*, etc. Le Guidon facilite le discernement des notes qui sont placées en la diverse situation des clefs.

OCTAVES.

On n'a pas mis toutes les Octaves de suite, parce que la voix ne s'étend pas jusque-là. Quand on sait ces quatre premiers, *ut*, *re*, *mi*, *fa*, on peut ensuite chanter les autres trois, *sol*, *la*, *si*, de la même manière en prenant la première note bien bas.

MANIÈRE DE JOINDRE
LA LETTRE AUX TONS DES NOTES.

Il ne sera pas difficile à ceux qui sauront bien entonner les notes de les joindre à la lettre, pourvu qu'ils prennent garde à trois choses.

1. De commencer à joindre la lettre avec les notes par des chants où il n'y ait qu'une note pour chaque syllabe ; et même il seroit bon qu'ils nommassent et chantassent les notes de chaque mot, avant de joindre leur son à la lettre.

EXEMPLE.

2. Ils doivent s'accoutumer ensuite à chanter quelques *Antiennes* où il y ait quelques liaisons ; et pour cela, ils doivent remarquer soigneusement les notes qui sont liées, et celles qui ne le sont pas ; joindre chaque syllabe de la lettre à chaque note, s'il n'y a point de liaison ; ou sur chaque liaison, si elles sont liées. Ils doivent encore remarquer les syllabes longues ou brèves. Les notes carrées ■ marquent les syllabes longues, celles qui ▭ sont les plus longues, outre

qu'elles sont quarrées, ont encore des queues qui vont en haut ou en bas.

Les lozanges font connoître les syllabes qui sont brèves.

EXEMPLE.

3. Enfin ils doivent savoir que lorsqu'il y a des notes qui vont sur plusieurs lignes ou

espaces, on ne doit compter que les deux extrémités.

Exemple.

Cette note qui touche par en haut la place du *fa*, et par en bas celle d'*ut*, se doit chanter comme s'il y avoit deux notes liées, *fa ut*, en cette manière :

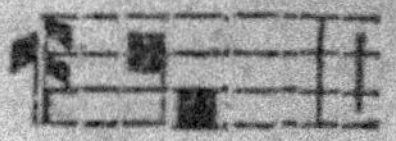

Voilà tout ce qui est nécessaire pour apprendre le Plain-Chant : qu'on étudie bien toutes ces règles sans se presser, et sans entreprendre une chose avant que d'être parfaitement assuré de celle qu'on doit apprendre la première. Il ne reste plus qu'à savoir connoître les Tons.

SECONDE MÉTHODE.

Pour apprendre à connoître les notes selon cette Méthode, il faut savoir qu'il y a sept notes : *ut*, *re*, *mi*, *fa*, *sol*, *la*, *si*, avec lesquelles on peut monter ou descendre jusqu'à l'infini.

Qu'il y a deux Clefs. Premièrement, la clef d'*ut*, qui est faite de cette manière :

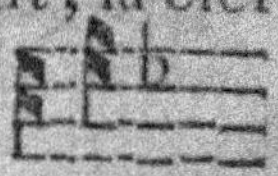

Secondement, la clef de *fa*, qui est faite de cette autre manière :

On prend toujours *ut* sur la ligne de la

première, et *fa* sur la ligne de la seconde, quoiqu'il y ait un *b-mol*. Il est seulement à remarquer que quand le chant est par *b-mol*, il faut chanter *za* au lieu de *si* dans les endroits où il y a un *b-mol*, soit qu'il soit accidentel, soit qu'il soit continué, et dans cette Méthode, *za* se trouve quelquefois en place du *mi*, et c'est lorsqu'on monte immédiatement de *za* à *mi*.

Exemple.

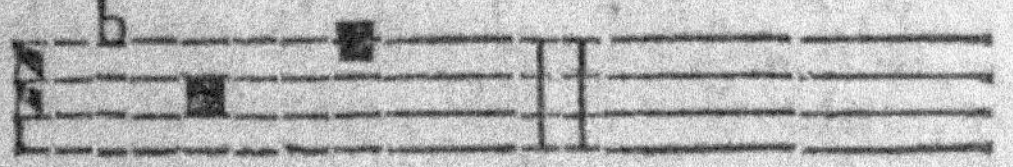

za *za*.

Ce qui arrive encore quelquefois, lorsqu'on monte de *za* à *mi*, par degrés conjoints.

Exemple.

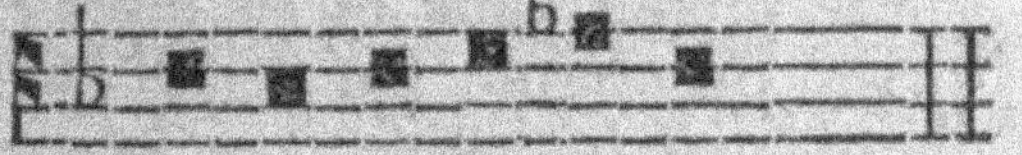

Ut za ut re za ut.

MÉTHODE PAR LA GAMME.

b-mol,	*b-quarre*
E *si* . .	*mi*
D *la* . .	*re*
C *sol* . .	*ut*
B *fa* . .	*si*
A *mi* . .	*la*
G *re* . .	*sol*
F *ut* . .	*fa*

Ceux qui veulent apprendre à connoître les notes par la Gamme, doivent premièrement la savoir par cœur, soit en montant, soit en descendant

2°. Qu'il y a deux sortes de chants, le chant par *b-mol*, et celui par *b-quarre*. Les notes de la première colonne se chantent par *b-mol*; par exemple, le *si* d'*E si mi* se chante par *b-mol*, et les notes de la seconde se chantent par *b-quarre*; par exemple, le *mi* d'*E si mi* se chante par *b-quarre*, ainsi des autres. Les lettres qui sont devant ces deux colonnes ne signifient rien.

3°. Qu'il y a deux clefs, la clef du *C sol ut* :

et la clef de *F ut fa* :

On prend *sol* sur la première quand on chante par *b-mol*, parce qu'en *C sol ut* il y a *sol*, qui se chante par *b-mol*; et on prend *ut* quand on chante par *b-quarre*, parce que l'*ut* de *C sol ut* se chante par *b-quarre*.

De même dans la seconde, on prend *ut* quand on chante par *b-mol*, et *fa* quand on chante par *b-quarre*, par la même raison.

EXEMPLE.

C sol ut,
B fa si,
A mi la,
G re sol,
F ut fa,
E si mi,
D la re,
C sol ut;

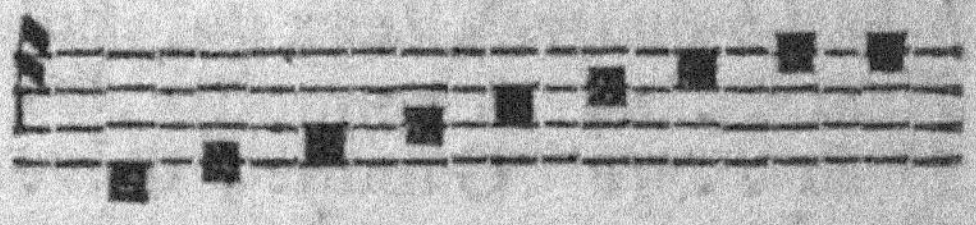

On voit dans cet exemple que la clef de *C sol ut*, est sur la première ligne; et par conséquent que toutes les notes qui sont sur cette ligne sont en *C sol ut*, celles de l'espace au-dessous en *B fa si*, celles de la seconde ligne en *A mi la*, etc. Or, pour savoir quelles notes il faut prendre, il faut considérer par quoi l'on chante; si l'on chante par *b-quarre*, il faut prendre *ut* sur la ligne de la clef, parce qu'en *C sol ut*, il y a *ut* qui se chante par *b-quarre*; il faut prendre *si* sur l'espace au-dessous, parce qu'en *B fa si*, il y a *si* qui se chante par *b-quarre*; il faut prendre *la* sur la seconde ligne, parce qu'en *A mi la*, il y a *la* qui se chante par *b-quarre*.

Si l'on chante par *b-mol*, il faut prendre *sol* sur la ligne de la clef, parce qu'en *C sol ut*, il y a *sol* qui se chante par *b-mol*; sur l'espace au-dessous, il faut prendre *fa*, parce qu'en *B fa si*, il y a *fa* qui se chante par *b-mol*, etc.

Cet exemple suffit pour faire connoître les notes par le moyen de la Gamme, car aussitôt que l'on connoît les clefs, on connoît en même temps les notes, en disant la Gamme en montant ou en descendant, selon que les notes montent ou descendent.

L'intonation des notes est la même que ci-devant, aussi bien que la manière de joindre la lettre à leur ton.

LES DIVERS TONS OU INTONATIONS DES CHANTS COMMUNS DE L'EGLISE.

LE mot *Ton* ne se prend pas ici pour la distance qui se trouve entre les notes, comme on l'a pris ci-devant; mais on entend certaines espèces de Chants auxquelles se peuvent rapporter tout ce qui se chante dans l'Eglise, soit *Psaumes*, *Antiennes*, *Introïts*, etc., ou une règle qui fait connoître toutes sortes de Chants Ecclésiastiques.

Il y en a huit, et rien ne se chante qui ne soit de quelqu'un de ces huit Tons.

On les distingue par leur son ou harmonie, qui est différente dans chacun, ainsi qu'on le voit par ces épithètes qu'on leur a données.

Primus

Primus. . .	*Gravis.*
Secundus. . .	*Tristis.*
Tertius. . .	*Mysticus.*
Quartus. . .	*Harmonicus.*
Quintus. . .	*Lætus.*
Sextus. . .	*Devotus.*
Septimus. . .	*Angelicus.*
Octavus. . .	*Perfertus.*

On les connoît par le moyen des *Finales* et des *Dominantes*.

On appelle *Finale* la note par laquelle une *Antienne*, *Répons*, etc. finit.

La *Dominante* est celle qui se nomme le plus souvent dans un *Répons*, *Introït*, *Graduel*, etc.

On voit dans la Table suivante les Finales et les Dominantes de chaque Ton.

Ton.	Finales.	Dominantes.
I. . .	*Re* . .	*La*
II. . .	*Re* . .	*Fa*
III. . .	*Mi* . .	*Ut*
IV. . .	*Mi* . .	*La*
V. . .	*Fa* . .	*Ut*
VI. . .	*Fa* . .	*La*
VII. . .	*Sol* . .	*Re*
VIII. .	*Sol* . .	*Ut*

Il faut savoir par cœur cette Table, et par son moyen vous connoîtrez d'abord de quel ton est le chant d'une *Antienne*, *Répons*, etc. que vous chantez; car vous n'aurez qu'à jeter les yeux sur la finale, si elle est un *re*, le chant sera du premier ou du second ton, parce qu'il n'y a que ces deux tons qui finissent par *re*, ainsi que vous le voyez par la Table. Et pour savoir si c'est le premier ou le second ton, il faut trouver la dominante : si elle est un *la*, c'est le premier; si elle est un *fa*, c'est le second. De même si la finale est un *mi*, et la dominante un *ut*, c'est le troisième, ainsi des autres.

Et parce que plusieurs ont de la peine à trouver cette Dominante, il faut savoir, pour la connaître plus facilement, que les tons qu'on appelle *impairs*, qui sont le premier, troisième, cinquième, septième, montent beaucoup au-dessus de leur finale, ce que ne font pas les tons *pairs*, qui sont le second, le quatrième, le sixième et le huitième, selon ce vers :

Impar stat supra, sed par depressus habetur.

Les *impairs* peuvent monter de huit ou de neuf notes par dessus la finale, et ne peuvent descendre que d'une seule, selon ces deux vers :

Tertius et primus, cum quinto, septimus octo
Vocibus ascendunt, solâ et descendere possunt.

Ainsi, quand vous voyez un *Introït, Graduel*, etc. qui monte huit notes au-dessus de la finale, et qui ne descend que d'une; s'il finit par le *re*, c'est le premier ton, et non pas le second : s'il finit par *mi*, c'est le troitième; si par *fa*, le cinquième; si par *sol*, le septieme.

Les tons *pairs* au contraire ne peuvent monter que de cinq ou six voix au-dessus de la finale, mais ils peuvent aussi descendre de cinq ou six voix, selon ces deux vers :

Sextus et octavus, quartus pariterque secundus,
Vocibus ascendunt quinque, totidemque descendunt.

Ainsi quand vous voyez un *Répons*, *Offertoire*, etc. qui descend plus d'une note au-dessous de la finale, et qui ne monte que de cinq ou six au-dessus, s'il finit par *re*, c'est le second; si par *mi*, le quatrieme, etc.

Il y a quelques tons qu'on appelle *Mixtes*, qui conviennent avec les *impairs*, parce qu'ils montent beaucoup; et avec les *pairs*, parce qu'ils descendent bien bas : par exemple, le chant du *Salve Regina*, ou du *Kyrie* de Notre-Dame, qui monte bien haut comme le premier ton, et descend bien bas comme le second. Ces tons *Mixtes* doivent retenir la qualité des tons *impairs*, comme étant les plus nobles. Ainsi le chant du *Salve Regina*, qui finit par *re*, est du premier ton, quoiqu'il descende comme le second.

Mais comme ces tons sont mieux marqués et plus connoissables dans les chants des Psaumes, ce sont ces tons qu'il faut particulièrement apprendre, et même savoir par cœur.

Pour bien apprendre de quel ton est un Psaume, il faut considérer quelle est la note finale de l'antienne, c'est-à dire, par laquelle elle finit, et quelle est la dominante du Psaume qui le suit, que l'on reconnoîtra aisément, en regardant la première note de l'e, u, o, u, a, e, qui veut dire *seculorum amen*, laquelle sera la dominante que l'on cherche. Or quand on connoît la finale de l'Antienne et la dominante du Psaume, on connoît les tons par le moyen de la Table ci-dessus.

EXEMPLE.

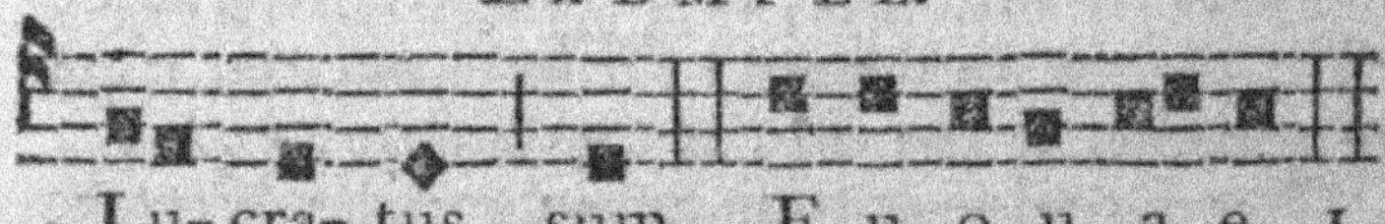

Lu-cra- tus sum. E u o u a e. 1.

On voit dans cet exemple que la finale de l'Antienne est un *re*, et la dominante du Psaume est un *la*, donc c'est le premier ton. Si la dominante du Psaume étoit *fa*, et la finale de l'Antienne *re*, ce seroit le second.

EXEMPLE.

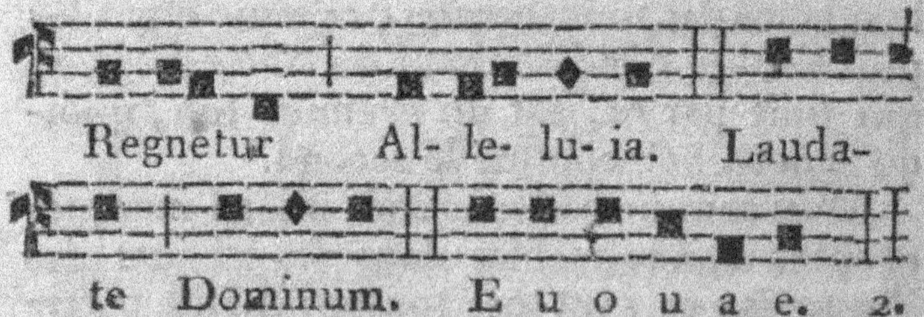

Regnetur Al- le- lu- ia. Lauda-

te Dominum. E u o u a e. 2.

Mais il faut remarquer que tout cela doit s'entendre, comme si tout étoit noté par *b-quarre*, comme il en est ainsi dans tous les Psaumes, et dans la plupart des Antiennes. Et quand il se trouve quelques Antiennes par *b-mol*, si l'on veut reconnoître de quel ton elle est, et le Psaume qui la suit, il en faut juger comme si elle étoit notée par *b-quarre*, c'est-à-dire, qu'il faut considérer la note par où elle finit, selon le nom qu'on lui donneroit, si on chantoit par *b-quarre*.

EXEMPLE.

On voit dans cet exemple que la finale de l'Antienne est un *ut* par *b-mol*, et la dominante du Psaume un *sol*. Or il n'y a point de ton dont la finale soit un *ut*, et la dominante un *sol*. Que faut-il donc faire ? il faut donner à la dernière note de l'Antienne, et à la dominante du Psaume le nom qu'on lui donneroit si on chantoit par *b-quarre*, ce qui feroit que la finale seroit un *fa*, et la dominante *ut*, et par conséquent le cinquième ton.

On peut apprendre par cœur les vers

suivans, pour retenir plus aisément la manière de connoître les tons des Psaumes.

Finalis vox Antiphonæ, cum principe Psalmi
Voce tonum ostendunt, quæ si vox quælibet ergo,
Et quem quæque tonum designet sedulus audi.
Si re *finalis*, la *princeps, en tibi* primum.
Fine ex consimili fa *principe, nosce* secundum.
Tertius est, *si* mi *finalis, et* ut *dominetur*
Mi *quoque finalis*, la *princeps dant tibi* quartum.
Quintus erit, fa *finali, atque* ut *principe notus.*
Finis idem sextum *tibi sed* la *principe prodit.*
Cum sol *finis* re, *erit princeps*, septimus *esto.*
Denique finis idem, octavum *dabit*, ut *dominante.*

On considère particulièrement quatre choses dans le chant des Psaumes.

1. La *Modulation* par où commence le verset, qui est ce qu'on appelle *Intonation.*

2. Celle du milieu du verset, qu'on appelle *Médiation.*

3. Celle qui termine le verset, qu'on appelle *Conclusion*, ou l'e, u, o, u, a, e; c'est-à-dire, *seculorum amen*, dont les syllabes sont désignées par les voyelles, e, u, o, u, a, e.

4. Enfin la note principale du chant du Psaume, qui est celle sur laquelle tombe la première lettre de l'e, u, o, u, a, e.

L'*Intonation* est donc une modulation qui va chercher la dominante du ton, et qui se fait pour rendre le ton plus solennel. Or il y en a de deux sortes ; la première sert aux Fêtes doubles, aux premiers versets de tous les Psaumes des Vêpres, Matines et Laudes. La seconde sert aux Sémi-doubles, Simples, Féries, et même aux petites Heures des jours doubles. Celle-ci commence d'abord par la dominante du Psaume.

Au *Magnificat* et au *Benedictus*, l'Intonation est toujours semblable aux Doubles et Sémi-doubles, etc. Mais dans les Doubles tous les versets s'entonnent de la même manière que la première, ce qui ne se fait pas dans les Sémi-doubles, Simples et Féries ; car ils commencent d'abord par la dominante.

La *Médiation* est toujours la même, hors en quelque cas qni seront marqués.

La *Conclusion* se diversifie quelquefois. Voici tous les tons notés avec leurs *Intonations*, *Médiations* et *Conclusions*, dont la vue fera comprendre tout ce qui a été dit.

PREMIER TON.
DI-xit Do-mi-nus Do-mi-no me-o :
se-de à dex-tris me-is. 2. A dex-
tris me- is. 3. A dex-tris me- is.
4. A dextris me-is. 5. A dex-tris
me- is. 6. A dex-tris me-is.
Di-xit Dominus Do-mi-no me- o.
MAg-ni- fi-cat. Be-ne-dic-tus.
SECOND TON.
DI-xit Do-minus Do-mi-no me-o

se-de à dex-tris me-is.
Di-xit Dominus Domi-no me-o.
MAg- ni- fi-cat a-ni-ma me-a
Do-minum. Be-ne-dic-tus Do-minus
De-us Is-ra-el, etc.
TROISIÈME TON.
DI-xit Dominus Domino me-o : se-
de à dextris me-is. 2. A dex-tris
me-is. 3. A dextris me-is. 4. A
dextris me-is.

Di-xit Dominus Do-mi-no me- o.
MAgni- fi-cat. Be-ne-dictus.
QUATRIEME TON.
DI-xit Dominus Do-mino me- o :
se-de à dextris me-is. 2. A dextris
meis. 3. A dextris meis. 4. A dextris meis.
Di-xit Dominus Do-mi-no me-o.
MAgni- fi-cat a-nima me-a Do-
minum. Be-ne-dic-tus, Dominus
De-us Is-ra-ël.

CINQUIÈME TON.
DI-xit Dominus Domino me-o : se-de
à dextris me-is. Di-xit Dominus
Domino me-o. Mag-ni- fi-cat.
SIXIÈME TON.
DI-xit Dominus Domino me-o :
se-de à dex-tris me-is.
Di-xit Dominus Domino me-o.
MAgni- ficat. Be-ne-dictus.
SEPTIÈME TON.
DI-xit Dominus Domino me-o :

de à dextris me-is. 2. Se-de à

INTONATION DU HUITIÈME TON IRRÉGULIER.

Pour savoir parfaitement la Psalmodie, il faut remarquer deux choses.

1. *Autant que faire se peut on n'élève point la dernière syllabe d'aucun mot déclinable, quoique le ton le demande, mais on élève en*

sa place la pénultième, pourvu qu'elle ne soit pas brève, parce que pour lors on élèveroit celle qui est devant la pénultième.

EXEMPLE.

Dans le Psaume Dixit Dominus, 7 *Ton.*

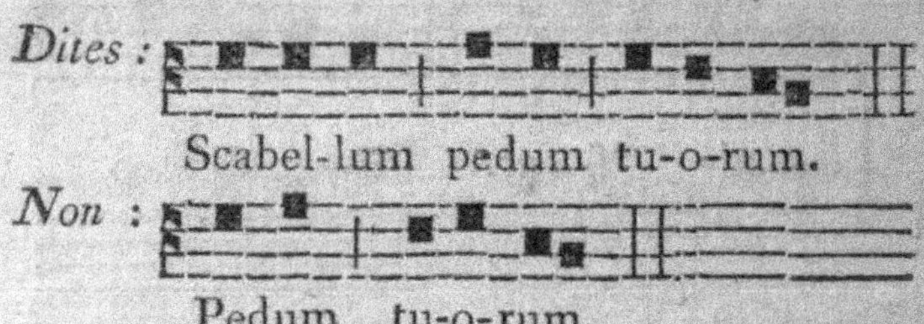

2. *Quelquefois la Médiation du* 2, 3, 4, 5 *et du* 7 *Ton varie, et cela se fait lorsque la médiante est un mot indéclinable qui a à la fin un accent aigu, ou un monosyllabe; car pour lors on n'élève pas la pénultième comme le ton le demande, mais on élève la dernière : ce qui a lieu aussi dans le* 8 *ton irrégulier.*

EXEMPLE.

Le Ton de Domine labia, etc. *qui est toujours le même.*

Do-mi-ne la-bi- a me- a a-pe- ri-es.

Le Ton de Deus in adjutorium, etc. *aux Fêtes Doubles et Sémi-doubles à Vêpres, Matines et Laudes seulement.*

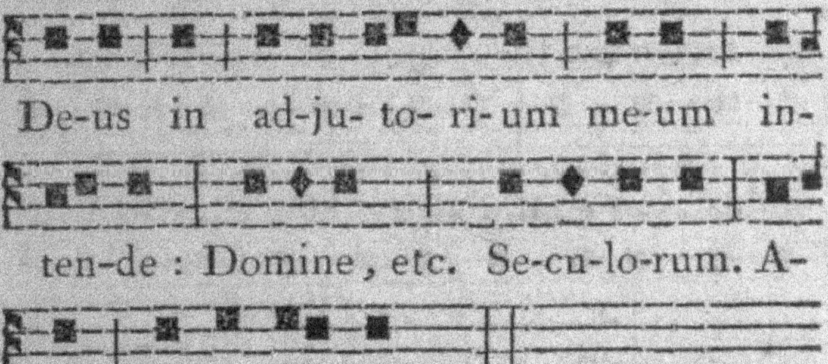

men. Al-le-lu- ia.

Aux Fêtes simples et Féries, et aux Heures des jours Doubles et Sémi-doubles.

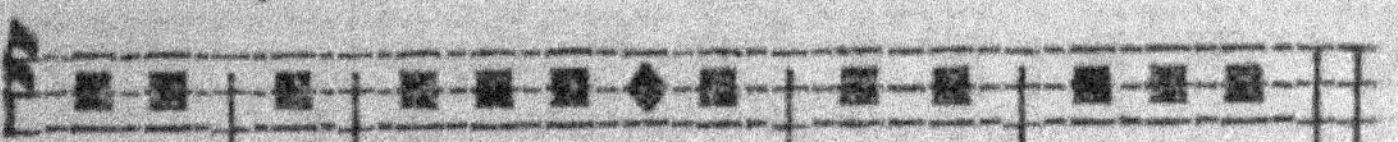

De-us in ad-juto-rium meum intende.

Ton des Absolutions et Bénédictions.

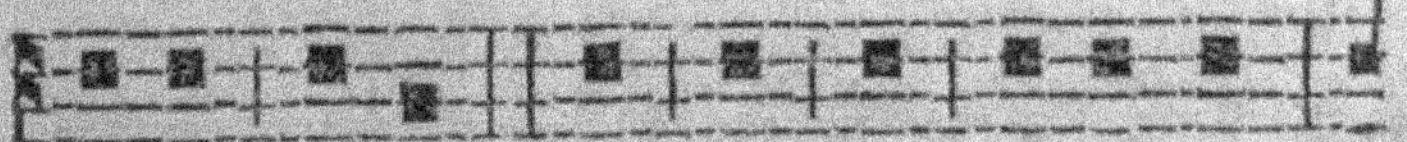

Pa-ter noster. Et ne nos in-du-cas
℟. Sed li- be- ra nos

in ten-ta-ti- o-nem.
à ma-lo.
E-xaudi Do-mi-ne Je-su Christe pre-
ces servorum tu-orum , et mi-se-rere
nobis , qui cum Patre et Spi-ri-tu
sancto vi-vis et reg-nas in se-cu-la
se-cu-lorum. Amen.
℣. Ju-be domne be-ne-di-ce-re.
Benedicti-o-ne perpe-tu-â be-ne-dicat
nos Pa-ter æternus. Amen.

TONS DES LEÇONS.

De A-cti-bus Apos-to-lorum : Pe-trus

autem et Jo-annes ascendebant in

templum ad ho-ram o-ra-ti-o-nis nonam.

Et quidam vir qui e-rat claudus ex

u-te-ro, etc. A-li-quid accepturum ab

e- is. Tu autem Do-mine mi-sere-re

no-bis De-o gra-ti-as.

S'il faut faire un point sur un monosyllabe, ou sur un mot indéclinable, qui a un accent aigu à la fin, on chantera de cette manière :

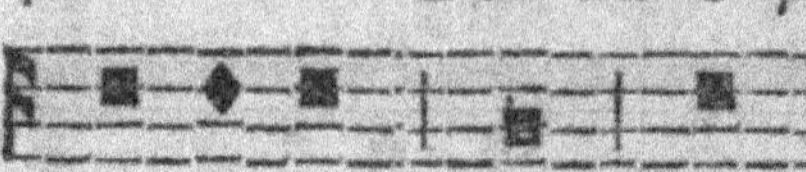

Res-pi-ce in nos.

S'il y a un point d'interrogation, on chante de cette manière :

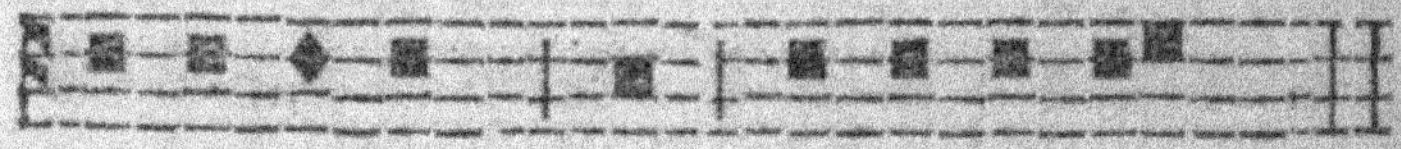

Fe-ce-ri-mus hunc ambu-la-re?

TON DU CAPITULE.

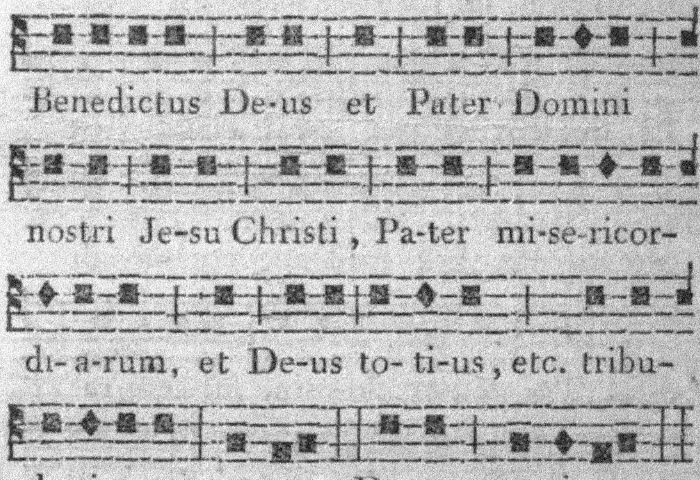

Quand le dernier mot du Capitule est d'une syllabe, ou indéclinable, ayant à la fin un accent aigu, il faudra finir par le ton suivant.

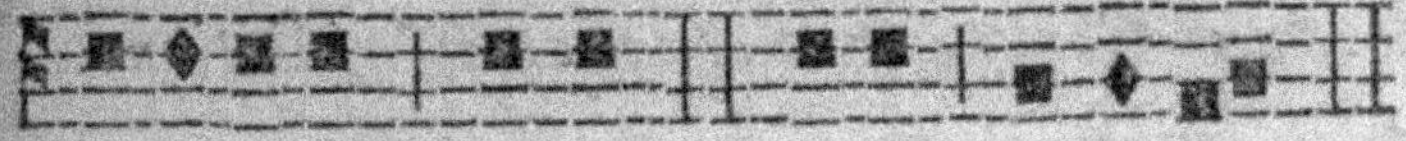

S'il y a un point d'interrogation, il faudra chanter comme la leçon ci-dessus.

TON DES VERSETS.

Après chaque nocturne de Matines, l'hymne de Laudes et Vêpres, on chante les Versets comme ci-après.

AUX FÈTES DOUBLES.

Aux Fêtes sémi-doubles et aux Heures des jours doubles.

℣. Dominus de cœ-lo o o.

Aux Fètes simples et aux Féries.

Aux Commémoraisons et Bénédictions.

℣. Jus-tus ut palma flo-re-bit.

Lorsque le dernier mot du verset est monosyllabe ou indéclinable, marqué d'un accent, on le finira de cette manière.

℣. Fi-at mi-se-ricor-di-a sup-er nos.

℣. Converte-re Do-mi-ne usquequò.

Si le répons du verset n'est pas monosyllabe ou indéclinable, on le finit comme ci-dessus.

Aux trois derniers jours de la Semaine-Sainte, et à l'Office des Morts.

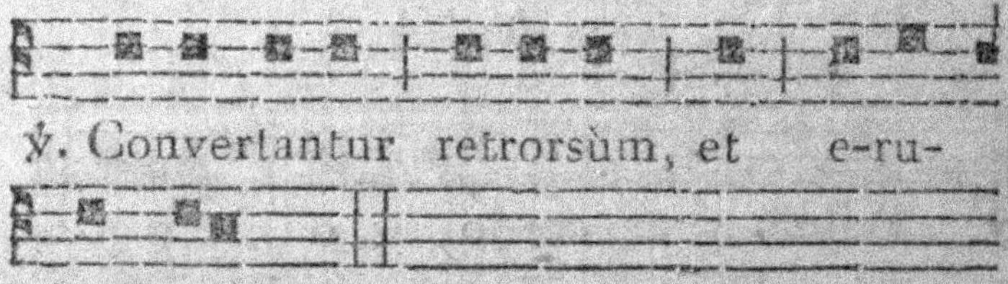

bescant.

Les Leçons qui se disent dans l'Office desdits jours se finissent de la même manière.

TONS DES ORAISONS.

Il y a deux sortes de tons des Oraisons, l'un solennel, et l'autre férial. On se sert du solennel aux jours doubles et sémi-doubles, à Matines, Laudes, Messes et Vêpres. On se sert du férial dans toutes les autres occasions.

Il y a deux changemens de voix dans le ton solennel. Le premier est fa, mi, re, fa, fa, *à la première partie de l'Oraison qui finit ordinairement par deux points. La seconde est* fa, mi, *à la seconde partie qui finit souvent par un point avec une virgule. Si l'oraison est courte on ne fait qu'un changement. Il faut enfin soutenir la voix sur l'accent du dernier mot.*

Si la conclusion de l'Oraison du ton solennel est Per Dominum, etc., *elle a deux changemens. Le premier est* fa, mi *au mot* tuum. *Le second est* fa, mi, re, fa, fa *à* sancti Deus. *Si l'on conclut par* Qui tecum, etc., *ou* Qui vivis, etc. *On ne fait que le changement* fa, mi, re, fa, fa, *à* Sancti Deus.

TON SOLENNEL.

A la Fête de S. Pierre et S. Paul.

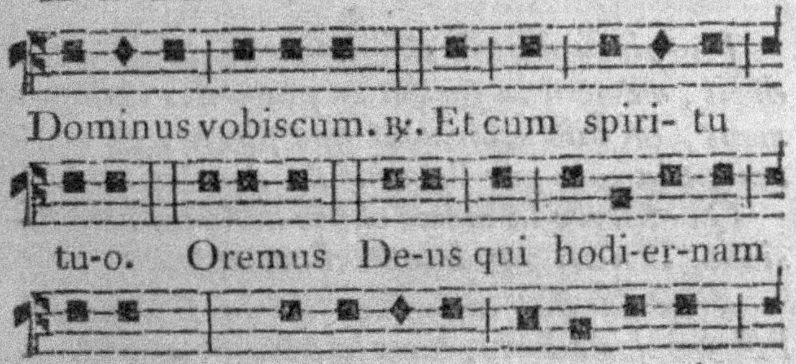

TON SIMPLE.

L'oraison du ton simple se chante d'un ton droit, même à la fin, et en place des changemens, on fait seulement une pause, en soutenant la voix sur l'accent du dernier mot.

On observe la même chose dans les conclusions. Il n'est pas besoin d'exemple.

A la fin des antiennes de la Vierge, à l'Office des Morts, hors la Messe, aux Oraisons des Litanies, de l'Aspersion de l'eau bénite et semblable, à l'Oraison Dirigere *à Prime, on fait une inflexion de voix du* fa *au* re, *à la fin de la dernière Oraison et de la conclusion, en cette manière :*

Re-surgamus. Per, etc. seculorum. Amen.

TON DES *BENEDICAMUS*.

Aux premières Vêpres des Doubles.

A Laudes et secondes Vêpres.

Aux Doubles de la première Classe.

Aux Doubles de la seconde Classe.

Aux Doubles pendant l'année.

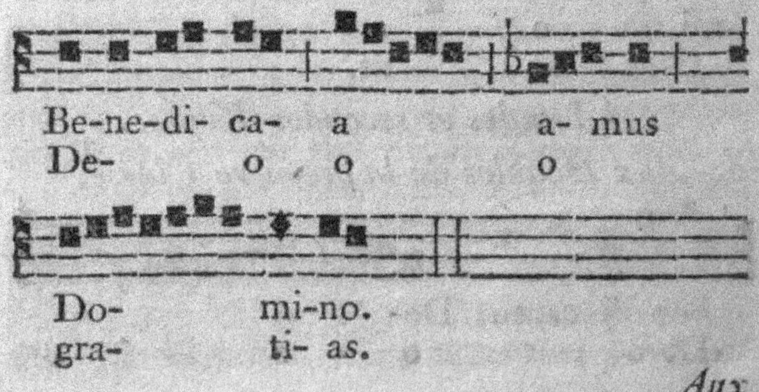

Aux

Aux Sémi-doubles et Dimanches pendant l'année.

Be-ne-di- ca- mus
De- o o

Do- o mi-no.
gra- a ti-as.

Aux Dimanches de l'Avent et du Carême.

Be-nedi-ca- mus Do-
De- o gra-

mi-no.
ti- as.

Aux Simples et Féries.

Be-ne-di-ca-mus Do-mi-no.
De- o gra- ti- as.

Pendant l'Octave de Pâques.

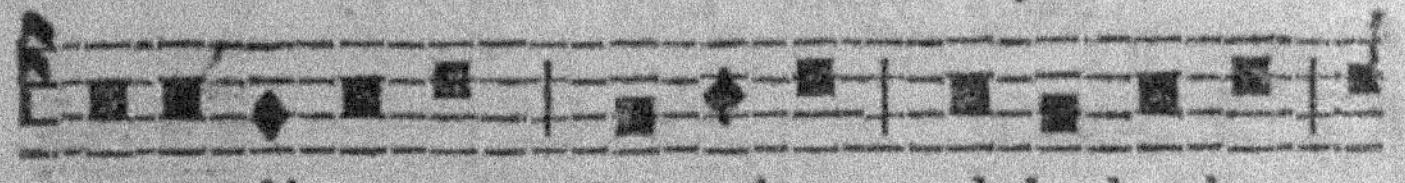

Bene-di-camus Do-mino , al-le-lu-ia ,
De-o gra- ti-as , al-le-lu-ia ,

al- le- lu- ia.
Pendant le temps Pascal.
Be-ne-di-ca- mus Do- o
De- o gra- a
o- mi- no.
a- ti- as.
Aux Fêtes de la Vierge.
Be- ne-dicamus Do- mi-no.
De- o gra- ti-as.
Aux petites Heures.
Be-ne-di-camus Do-mi-no.
De-o gra-ti- as.
A l'Office des Morts.
Requi-es-cant in pa- ce. ℟. Amen.

TON DE L'EPITRE.

On le chante d'un ton droit, en faisant seulement la pénultieme syllabe un peu plus longue avant les points. Les interrogations comme ci-dessus.

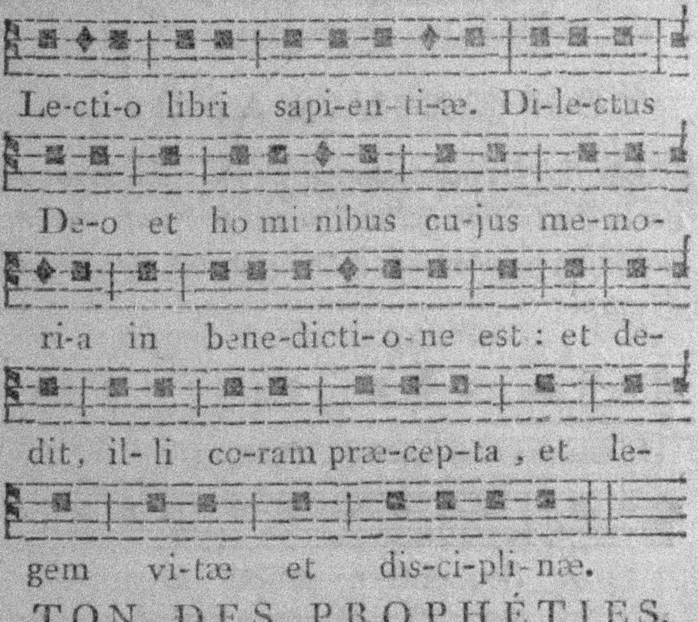

TON DES PROPHÉTIES.

On les chante comme les Leçons, excepté qu'à la fin on ne fait point d'inflexion, mais on fait la pénultieme syllabe un peu longue.

Avant les Oraisons des Prophéties, le Célébrant, le Diacre et Sous-Diacre rechantent.

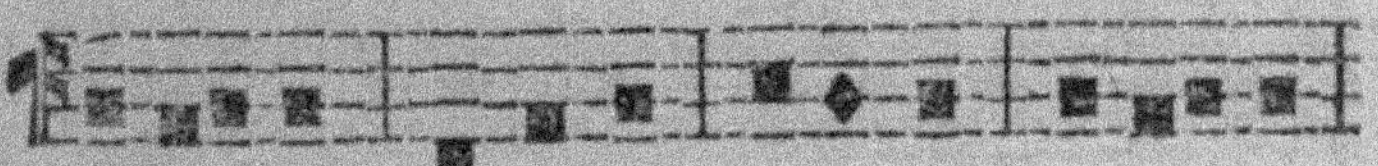

Au Carême, dans l'Oraison sur le Peuple, le Diacre chante.

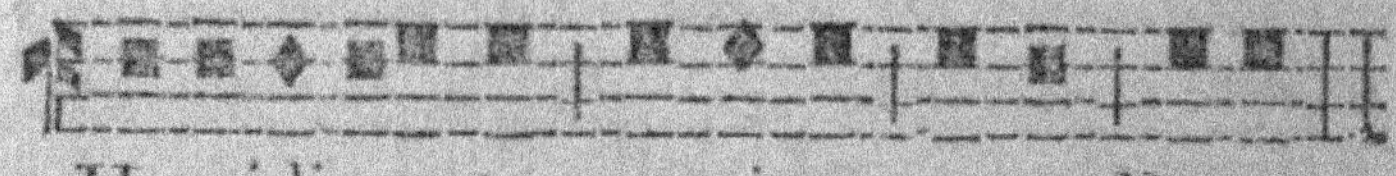

TON DE L'EVANGILE.

On fait les inflexions de la voix du fa *au* re *sur la quatrième syllabe avant le point, autant que faire se peut. L'interrogation comme ci-dessus.*

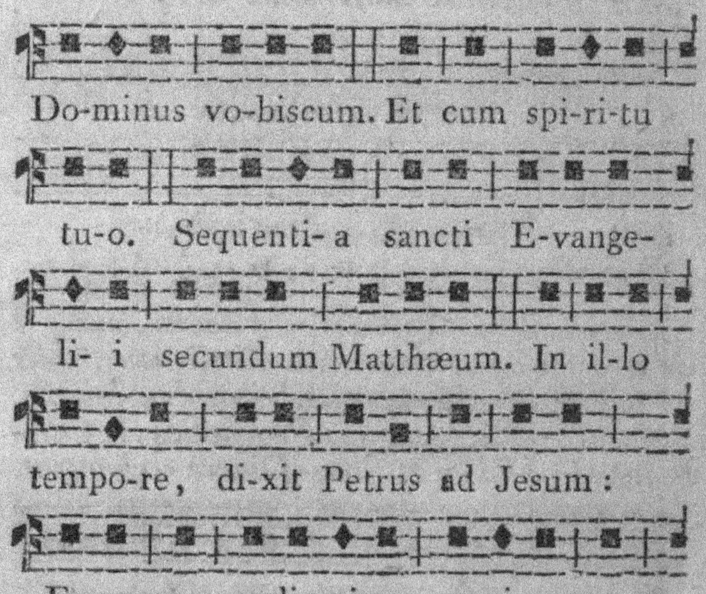

se-cu-ti sumus te, etc. Et vi-tam
æ-ter- nam pos-si-de-bit.
TON DE LA PASSION.
Pas-si-o Do-mi-ni no-stri Je-su
Christi secundum Mat-thæ-um. In
il-lo tempo-re, sic terminantur du-o
puncta : sic au-tem punctum. Sic
in-di-ca-tur Christus. Et sic Sy-
na-go- ga. Et incli-na-to ca-pi-te

tra-di-dit spi- ritum. E- go

sum. Sic modulantur du-o puncta :

Sic tandem termina-tur punc-tum.

Sic ve-ro in-ter-ro-ga-tur ?

Sic mo-du-lantur du-o puncta :

Sic au-tem punctum. Sic fit

in-ter-ro-ga-ti o ?

TON DES LAMENTATIONS DE JERÉMIE.

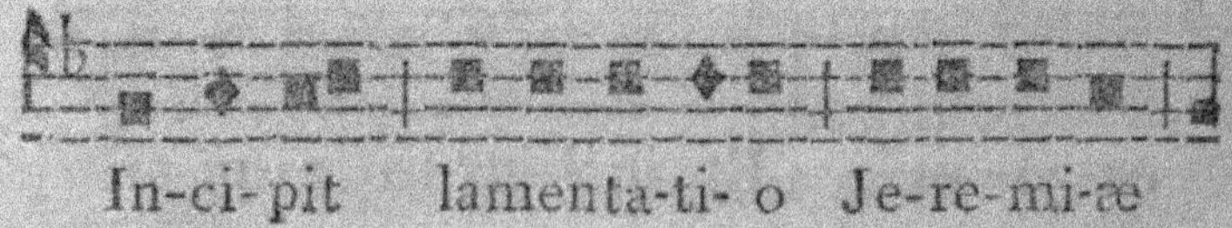

In-ci-pit lamenta-ti- o Je-re-mi-æ

Pro-phe-tæ æ.
A-leph eph. Sic mo-du-lantur
du- o punc-ta : Sic punctum cum
v'r gu-la ; Sic tandem ter-mina-tur
punctum um um. Je-ru-
sa-lem, Je- ru- sa-lem, converte-re ad Do-mi-num De-um
tu- um um um.

CHANT DES PETITS RÉPONS

PENDANT L'ANNÉE.

℣. E-xurge Christe ad-ju-va nos
os.
In manus tu-as Domi-ne. ℟ Commendo
A-ma-vit e-um Dominus. ℟ Et or-
Spi- ritum meum. ℣. Redemisti nos Do-mi-
navit e-um. ℣. Stolam glo- ri-
ne , De-us ve-ri-tatis. ℣. Glo-ri-a, *ut suprà.*
æ. Induit e-um.
Chant des petits Répons des Dimanches
pendant l'année. A Tierce.
In-cli- na cor me- um De- us ,
℟ In tes-ti-mo-ni- a tu- a. A-

3..

Petit Répons de Complies pendant l'Avent.

mis-ti nos Domi- ne De-us ve- ri- ta-
tis. Commendo. ℣. Glo-ri- a Pa-
tri, et Fi- li o, et Spi-ri- tu- i
san- cto. In manus, etc.
Au temps Paschal.
Christe Fili De-i vi-vi, mi-se-rere nobis.
verbum caro factum est.
Notum fecit Do-minus.
Viderunt omnes fines terræ.
¶ Al-le- lu- ia, al-le- lu- ia. Christe, etc.
Qui surrexisti à mortuis. ¶ Al- le-lu- ia.
Et habi-ta-vit in no bis.
Sa-lu-ta-re tuum.

ANTIENNES DE LA VIERGE.

Depuis le Samedi devant l'Avent, jusqu'à la Purification.

Depuis la Purification jusqu'au Jeudi-Saint.

rum, A- ve Domi-na An-ge-

lo- rum, sal- ve ra- dix,

salve porta, ex qua mun- do

lux est or- ta. Gaude Vir-

go glo-ri-o-sa, su-per om-

nes spe- ci- o- sa : va-

le, ô val- de de- co- ra,

et pro no- bis Chri- stum

e- xo- ra. 6.

Depuis le Samedi-Saint jusqu'au Samedi de la Trinité.

Depuis le Samedi devant la Trinité jusqu'au Samedi devant l'Avent.

advo-ca- ta nos-tra, il-los tu- os
mi-se- ri-cor- des o- cu-
los ad nos con-ver-
te. Et Jesum be-ne- di- ctum:
fructum ven-tris tu- i
no- bis post hoc e- xi- li-um
o- sten-de. O cle- mens,
O pi- a, O
dul- cis Virgo Ma- ri- a. I.

MANIÈRE

De bien chanter dans un Chœur.

Toute la beauté et la perfection de la Psalmodie et du Chant du Chœur, consiste à maintenir durant tout l'Office le même ton, c'est-à-dire, à mettre toutes les dominantes des Tons à l'unisson.

Il est assez difficile de connoître quelle note doit faire le ton du Chœur, et être la dominante de tout l'Office, parce que les voix ne sont pas d'une même étendue. Dans les Eglises où il y a des orgues, on le trouve facilement, parce que l'orgue le donne, cet instrument ayant été proportionné à l'étendue de la voix de l'homme.

Dans les Chœurs ordinaires où il n'y a point d'orgues, on peut prendre le ton de la note *la* pour dominante du Chœur durant tout l'Office. Et pour reconnoître si l'on est dans le ton de cette note *la*, il faut prendre le plus bas qu'on peut naturellement, à la sixième note en bas qui est *ut*, et monter jusqu'à la note *la*.

Dans les Eglises où il y a plusieurs Chantres, dont les voix descendent plus qu'elles ne montent, il faut prendre pour dominante le *sol* ou le *fa*, selon que la prudence de celui qui conduit le Chœur jugera plus proportionné aux voix qui chantent avec lui, ayant égard aux *Répons*, *Antiennes*, *Introïts*, *Graduels*, *etc.* que l'on doit chanter, afin de remarquer s'ils descendent bien bas, ou s'ils montent bien haut : et qu'ainsi toutes ces connoissances lui donnent facilité de connoître ce véritable ton, qui n'est ni trop haut ni trop bas, pour toutes les voix qui sont au Chœur.

Ayant trouvé cette dominante, il faut monter ou descendre par degrés jusqu'à la note par laquelle commence *l'Antienne*, *Psaume*, *Répons*, *etc.* que l'on veut entonner, et observer toujours le même pendant tout l'Office, mettant toutes les dominantes de ce que l'on doit chanter à l'unisson de la première par laquelle on commence l'Office. Par exemple : l'Officiant doit commencer *Deus in adjutorium* par la dominante qui est *la* pour les Chœurs ordinaires, et s'il doit entonner la première Antienne, il mettra la dominante de cette Antienne au même ton de *Deus in adjutorium*, et montera ou descendra de cette dominante à la première note qui commence l'Antienne pour l'entonner. Et le chantre qui doit entonner le Psaume montera ou descendra de la dernière note de l'Antienne, ou de l'intonation seulement de cette Antienne à la première note de l'intonation du Psaume. Cet exemple le fera comprendre.

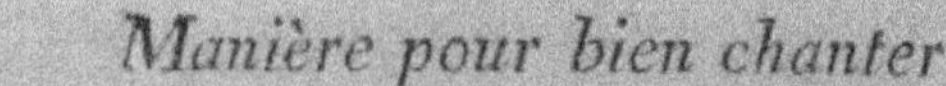

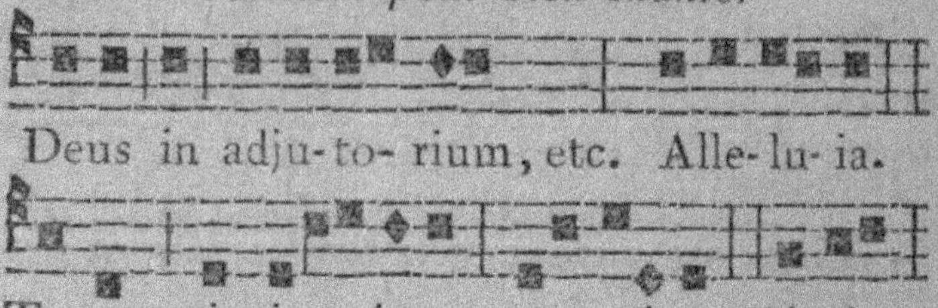

On voit dans cet exemple que la dominante de l'Antienne et du Psaume est la même que celle de *Deus in adjutorium* , et sur le même ton, qui est *la*. Que si l'Officiant ne prend pas bien ce ton , le Chantre qui commencera l'Antienne , ou qui entonnera le Psaume , tâchera de réparer ce défaut.

Si les Antiennes sont de différens tons , il faudra mettre les dominantes de ces différens tons à l'unisson , c'est-à-dire , toutes à un même son, comme si l'on disoit tout droit sans baisser , *la* , *fa* , *ut* , *re* , qui sont les quatre dominantes des huit tons. Par exemple : quand on a achevé l'Antienne ci-dessus , qui est dans les Vêpres du jour de Noël , et qui est du premier ton , et qu'ensuite il faut entonner la suivante *Redemptionem* , qui est du septième, il faut l'entonner de telle manière que le *re* , qui est la dominante du septième , soit à l'unisson de *la* , qui est la dominante du premier. Ainsi il faut prendre la première note de *Redemptionem* sur le ton de la dernière de *Genui te* , afin que le *re* qui est la dominante de cette Antienne, se trouve à l'unisson de *la*, qui est la dominante de la précédente, et entonner comme s'il étoit noté de cette manière.

En suivant cette règle dans toutes les Antiennes, chantant le Capitule, les Oraisons, les Versets, etc. sur le ton de la dominante du Chœur, on gardera facilement le même ton pendant tout l'Office.

Ce qui se fera aussi très-facilement pendant toute la Messe, quand on aura bien pris le ton du Chœur sur la dominante de l'*Introït*, et qu'on mettra la dominante du *Kyrie* à l'unisson de la dominante des Oraisons, Evangile, Préface, etc. On peut élever d'un ton à l'Epître.

Voilà ce qui regarde le Chœur en général, pour y chanter avec perfection et sans peine.

Il faut outre cela que tous ceux qui chantent dans le Chœur, observent en particulier les avis suivans.

Premièrement, il ne faut point contrefaire sa voix, comme de chanter d'une voix plus grosse ou plus claire, ou avec plus de force qu'on ne peut naturellement ; ou bien chanter négligemment, en ne soutenant pas assez la voix ce qui cause une grande cacophonie dans le Chant, parce que les uns montent, les autres descendent plus qu'il ne faut; mais il faut avoir soin que le son de la voix soit le plus naturel qu'il est possible, et le plus approchant de celui qu'elle a en parlant; et pour cela, éviter les postures extraordinaires des lèvres, les mouvemens de tête, les coups de gosier, les aspirations et tout ce qui peut nuire à la bonne prononciation.

2. Ouvrir la bouche autant qu'il est nécessaire pour jeter le son en dehors, et ne point étouffer sa voix en fermant la bouche, ou serrant trop les dents.

3. Se modérer en sorte qu'on puisse chanter long-temps sans se lasser; et ainsi n'employer pas toute la force de son poumon, et ne prendre pas garde si l'on est plus ou moins entendu que les autres, mais chanter toujours d'une même force, en ne poussant pas la voix en des endroits plus qu'en d'autres. C'est une faute que plusieurs font, parce qu'il y a toujours certains endroits de la voix où elle est plus belle et plus libre; et quand le chant vient dans ces endroits-là, on est porté à pousser plus fort, et à se faire entendre.

4. Lorsqu'il y a plusieurs notes sur la même syllabe, faire entendre principalement celle sur laquelle la syllabe se prononce, et

couler les autres doucement sans aspiration, comme s'il n'y avoit qu'une note longue, et ne les pas pousser toutes à coup d'estomac, comme de chanter *ha*, *ha*, *ha*, sur trois notes qui seroient sur une même syllabe.

5. Ecouter ceux avec qui l'on chante, et que tous se suivent si bien, qu'ils chantent tous en même temps, syllabe pour syllabe, et note pour note, afin d'éviter toutes discordances.

6. Bien observer la pause de la médiation dans la psalmodie, et ne point commencer un verset que la fin de l'autre ne soit entendue.

7. Enfin, avoir un grand soin qu'il n'y ait rien de profane dans le chant, mais que tout y soit spirituel; rien qui ressente l'air séculier ou la vanité, mais que tout y soit rapporté *à la gloire de Dieu*; rien qui se chante seulement du bout des lèvres, mais tout avec *l'application du cœur pour Dieu*, la bienséance et la modestie pour *l'édification du Prochain*, comme dit Saint Paul, *(Col. 3. v. 16.) In gratia cantantes in cordibus vestris Domino.*

Omnia in nomine Domini JESU-CHRISTI. (Ibidem.)

FIN.

www.ingramcontent.com/pod-product-compliance
Ingram Content Group UK Ltd.
Pitfield, Milton Keynes, MK11 3LW, UK
UKHW022126260726
13993UKWH00003B/1255

9 782329 273860